The **BINGO BOOK** Series

BINGO BOOK #4

Spanish/Español

by HELEN GARVY

SHIRE PRESS

Cover and other illustrations by Dan Bessie

Spanish translation by Ulli Kummerow

Thanks to Bill Finzer for his computor magic.

Library of Congress Catalogue Card Number: LC #: 93-87278
ISBN: 0-918828-15-5

SHIRE PRESS
26873 Hester Creek Road
Los Gatos, CA 95030
(408) 353-4253

CONTENTS/ CONTENIDO

INTRODUCTION

Years ago, when I taught in an innovative alternative school in San Francisco, I constantly tried to find ways to make the subjects interesting enough that the students would want to learn.

At some point I began using a variation of the game BINGO to teach math and it was such a success that I adapted the game for a variety of ages and many other subjects — from English to social sciences to Spanish to sex education (perhaps the all-time favorite with the older students).

We used the games in different ways and for different purposes. The games were useful: 1) to aid recognition and memorization, 2) to familiarize students with words and concepts, 3) to encourage and facilitate discussions of ideas and values, 4) to teach about research tools and methods, 5) to convey factual information, and finally 6) to have fun.

The BINGO games allow students of different ages and ability levels to play and learn together. A math game, for example, can be used by children who just know numbers 1-9 as well as older students learning addition, multiplication, or division — at the same time.

Number 486, for example, isn't just four hundred and eighty-six. You can begin by saying "four hundred and eighty-six" and those who know the number can cover it. Then you can say "4 followed by 8, followed by 6, is 486" and the younger children can join in. For older students you can even begin by saying "6 times 81" or "255 plus 261", and those who can solve the problem can cover their squares. (Allow the students to use pencil and paper.) This allows students to learn at different rates with very little effort on their part or the teachers' part.

Word games have few limits. They are as useful for teaching basic phonetics and simple vocabulary to the younger students as for more advanced vocabulary, science terms, geography, social studies concepts, or basic foreign language vocabulary for older students. I also often used them to begin and facilitate discussions about values, personality traits, current events, or sex education. The key is what words you choose to put on the lists.

INTRODUCCION

Hace años, cuando enseñaba en un escuela alternativa en San Francisco, estaba constantemente tratando de encontrar maneras de hacer los temas suficientemente interesantes para que los estudiantes los quisieran aprender.

En un dado momento empezé a usar una variedad de juegos de BINGO para enseñar matemáticas y fue tal el éxito, que adapté el juego para una variedad de edades y muchos otros temas — de inglés a estudios sociales a español a educación sexual (quizá la favorito de los estudiantes mayores).

Usamos los juegos de maneras diferentes y para diferentes própositos. Los juegos eran provechosos: 1) para ayudar a reconocer y a memorizar, 2) para familiarizar a los estudiantes con palabras y conceptos, 3) para alentar y facilitar discusiones de ideas y valores, 4) para enseñar métodos de investigación, 5) para traspasar información basada en datos, 6) para diversión.

Los juegos de BINGO permiten a los estudiantes de diferenteds edades y habilidades de jugar y aprender juntos. Un juego de matemáticas se puede usar con niños que apenas conocen números del 1-9 como también con estudiantes que estan aprendiendo sumas, multiplicaciones o divisiones al mismo tiempo.

Número 486 por ejemplo no sólo es cuatrocientos ochenta y seis. Se puede comenzar diciendo "cuatrocientos ochenta y siez" y aquellos que conocen el número, pueden encontrarlo. Entonces se puede continuar diciendo "4, seguido por 8, seguido por 6, es 486" y los niños menores podrían participar. Para los más grandes se puede también comenzar diciendo "6 por 81," o "255 más 261," y aquellos que obtengan la respuesta podrían buscar el número. (Definitvamente se permiten lápiz y papel.) Esto ayudó a los estudiantes a aprender a diferentes pasos con muy poco esfuerzo por su parte o parte del maestro.

Juegos de palabras tenían pocos límites. Eran tan prácticos para ensenyar fonética básica y vocabulario simple para los estudiantes menores, como para vocabulario más avanzado, términos de ciencia, geografía, conceptos

Foreign language games can be used just to teach basic vocabulary and grammer, and to practice pronounciation and spelling. As the students learn more vocabulary and grammer, you can use the words to build sentances and have conversations and discussions.

My students loved the games and often requested their favorites. The games they created themselves were always popular. Any student could give me a list of 48 words and the next day I'd have made it into a game. We had John's game and Mary's game. The ground rules were always basically the same: that as we read off a word, we'd either translate it, define it, use it in a sentence, spell it, give a synonym or antonym, or just discuss it — before covering it over with a square.

We often spent so much time talking about the words that the game itself was almost forgotten. A game of BINGO often became simply an excuse for long discussions — and digressions (which were probably much more educational than the original games).

The BINGO games were so successful, so easy to use, so varied and so much fun that I wanted to share them. I hope you and your children, friends, and/or students enjoy them as much as we did.

Helen Garvy

de estudios sociales o vocabulario básico en lenguas estranjeras para los estudiantes mayores. Yo muchas veces los usé para comenzar y facilitar discusiones acerca de valores, rasgos de personalidad, eventos actuales, o educación sexual. La clave era cual palabra escoger para poner en la lista.

Los juegos de lenguaje extranjero se pueden usar simplemente para enseñar vocabulario y gramática básica, y también para practicar deletreo o pronunciación. A medida que los estudiantes hayan aprendido más vocabulario y gramática, se pueden usar las palabras para formar oraciones y tener conversaciones y discusiones.

A mis estudiantes les encantaban los juegos y muchas veces pedían sus favoritos. Los juegos que ellos mismos crearon siempre eran populares. Cualquier estudiante me podía dar una lista de 48 palabras y al día siguiente yo la había convertido en un juego. Teníamos el juego de Juan y el juego de Maria. Las reglas básicas generalmente eran las mismas: cuando leíamos una palabra, necesitabamos o traducirla, definirla, usarla en una oración, deletrearla, dar un sinónimo o antónimo, o simplemente discutirla, antes de taparla con un cuadrado.

Muchas veces tomamos tanto tiempo hablando de las palabras que casi se nos olvidaba el juego. Un juego de BINGO muchas veces fue una excusa para largas discusiones y digresiones (que probablemente eran mucho más educacionales que el juego original).

Los juegos de BINGO tuvieron tanto éxito y eran tan fácil de usar, tan variados y tan divertidos que los he querido compartir. Espero que usted y sus niños, amigos o/y estudiantes los gozen tanto como nosotros.

Helen Garvy

HOW TO USE THE GAMES

Different games lend themselves to different uses and purposes — and students have varying abilities and interests.

The suggestions in this book are only meant to give you ideas. The beauty of these games is that they have endless variations. Some variations may be more 'educational' than others, but sometimes you may want to take a break and not worry about milking the game for maximum educational value and just have fun. There's no law against that.

The games vary greatly in complexity. Some are very simple and straightforward while others lend themselves to extensive research and sophisticated discussions.

The following are some ideas on how to use the games for the different purposes I mentioned earlier.

1) To aid recognition and memorization. The games are especially useful to teach and reinforce foreign language vocabulary, prounciation, and spelling. The 'leader' can read the words in either English or Spanish and the students can use either the English or Spanish cards. For this use you can play the game fairly quickly, without many extra gimmicks. It's the repetition that helps and playing games simply makes the repetition less boring. The repetition of playing the games helps spelling, but for more practice you can have students write down the word before they look for it on their card. Individual students can make their own BINGO games with words they have trouble remembering or spelling (see Making More Games, p. 14).

2) To familiarize students with new words and concepts. Students can be introduced to new vocabulary and can also become comfortable using it. You can make a BINGO game to accompany any new vocabulary lesson. I would often have students look up definitions of unknown words and use new words in a sentence. We'd sometimes talk about connotations, and about various subtleties of meaning. The students learned more from the discussion process than if they had simply read the word or looked up the definition.

COMO USAR LOS JUEGOS

Diferentes juegos se dan para usos y propósitos diferentes y estudiantes con habilidades e intereses diversos.

Las sugerencias en este libro son sólo para darle ideas. La belleza de estos juegos está en que tienen infinitas variedades. Algunas variedades pueden tener más valor 'educacional' que otras, pero a veces puede tomar un pequeño descanzo y no preocuparse de usar el juego para su mayor valor educacional y simplemente usarlo para divertirse. No hay ley contra eso.

Los juegos varían enormemente en complejidad. Algunos son muy sencillos y francos mientras que otros se dan para investigaciones extensivas y discusiones sofisticadas.

Las siguientes son algunas ideas en como usar los juegos para los diferentes propósitos mencionados anteriormente.

1) Para ayudar a reconocer y memorizar. Los juegos son especialmente útiles para enseñar y reforzar vocabulario de lenguaje extranjero, pronunciación y deletreo. El "lider" puede leer las palabras en inglés o español y los estudiantes pueden usar tarjetas de inglés o español. Para este uso usted puede jugar el juego relativamente rápido y con pocos trucos. Es la repetición que ayuda y jugando el juego hace que esta repetición sencillamente sea menos aburrida. La repetición de jugar el juego ayuda con el deletreo, pero para mejor práctica usted puede hacer que los estudiantes escriban la palabra antes de que la busquen en su tarjeta. Ciertos estudiantes pueden hacer su propio BINGO con las palabras que más le cuesten recordar o deletrear (vea: Haciendo más Juegos, pág. 15).

2) Para familiarizar a estudiantes con palabras y conceptos nuevos. Estudiantes pueden ser presentados con vocabulario nuevo y sentirse cómodos usándolo. Usted puede hacer un juego de BINGO para acompañar una lección de vocabulario nuevo. Muchas veces pedí a los estudiantes que buscaran las definiciones de palabras desconocidas y las usaran en una oración. A veces hablamos de conotaciones y varios

You can use the games to teach the grammatical concepts such as gender of words, agreement (both gender and number), verb conjugation and various tenses. With VERBS, for example, you can ask students to use the verb in a sentence (using any tense or a specified tense). Creating sentences with ADJECTIVES involves having adjectives agree with their nouns. These exercises can be either oral or written.

3) To encourage and facilitate discussion of ideas and values. The vocabulary games in this book are simple and straightforward, but you can create some for more advanced students with words that can lead to interesting discussions. I often included words that were purposely provocative. The words can also be used as the basis for essays or stories.

4) To teach about research methods and tools. Use the games as an opportunity to use tools such as dictionaries, grammer books, and libraries. When the BINGO games involve learning new information — obtaining the information can be part of the purpose of the game and also half the fun. Make it fun. Build that into the game. Look up words together.

5) To convey factual information. This can happen easily in the course of playing the games. The leader/teacher can give additional information about each word as it is called.

6) To have fun. Don't forget this one. The BINGO games don't always have to be used to teach — they can simply be enjoyed.

The same game can be used differently on different days. What begins as a simple game can lead in many directions. It's o.k. to digress whenever something interesting comes up. Or to simplify or shorten the game if it becomes tiresome.

These BINGO games are only meant to be starters. Create new games as students learn new vocabulary or adapt the games to your needs. Personalize the games by relating the words or concepts to the students. When discussing adjectives ask which apply to them or their friends. Let students select vocabulary or subject areas they would like to learn more about. (For other ideas, see Making More Games, page 14).

But most of all, enjoy!

significados sutiles. Los estudiantes aprendieron más de las discusiones que si simplemente hubieran leído la palabra o buscado su definición.

Usted puede usar los juegos para enseñar conceptos gramaticales como el género de las palabras, acuerdo (entre género y número), conjugación y los tiempos de los verbos. Con LOS VERBOS por ejemplo puede pedirle al estudiante que use el verbo en una oración (usando cualquier tiempo o un tiempo específico). Creando oraciones con LOS ADJETIVOS require que éstos vayan con sustantivos que correspondan. Estos ejercicios pueden ser orales o escritos.

3) Para alentar y facilitar discusiones de ideas y valores. Los juegos de vocabulario en este libro son simples y sencillos, pero usted puede crear unos para los estudiantes más avanzados con palabras que pueden llevarlos a discusiones interesantes.   Yo muchas veces incluía intencionalmente palabras provocativas. Las palabras también pueden ser usadas como base para ensayos e historias.

4)   Para enseñar métodos de investigación. Use los juegos como oportunidad para usar cosas como diccionarios, libros de gramática y bibliotecas. Cuando el juego de BINGO involucra el aprendizaje de nueva información, obtener la información puede ser parte del propósito del juego y también parte de la diversión. Hágalo divertido. Haga eso parte del juego. Busquen palabras juntos.

5) Para diversión. No se olvide de esto. El juego de BINGO no siempre tiene que enseñar, puede ser simplemente gozado.

Este mismo juego se puede usar de una manera diferente en días diferentes. Lo que comienza como un simple juego puede llegar a varios lugares. Está bien si se aparta del tema si aparece algo interesante. También si se simplifica o corta el juego si se están cansando.

Estos juegos de BINGO estan diseñados para abrir paso. Vaya creando nuevos juegos a medida que los estudiantes vayan aprendiendo vocabulario nuevo, o adapte el juego a sus necesidades. Personalize el juego relacionando palabras o coneptos a los estudiantes. Mientras discuten adjetivos, pídales que apliquen estos a sus amigos. Deje que los estudiantes seleccionen vocabulario o temas acerca de los cuales quisieran aprender más. (Para otras ideas, vea: Haciendo más Juegos, pág. 15).

¡Pero lo mas importante es que lo goze!

HOW TO PLAY THE GAMES

To prepare the games: Copy the pages from this book on plain paper, or on card stock (available at most copy stores) to make the games more durable. Or, if you prefer, just cut the pages out from the book and use them as they are. Copying the games gives you an opportunity to alter them before copying.

Cut out 1" x 1" squares from poster board or colored paper (copy the sample grid on page 125 if you like). You'll need a lot of these: at least 25 times the number of cards you'll be using (since there are 25 squares per card), plus extras. That's at least 150 squares for the games in this book. You can also use large beans instead of squares.

To play the games: Select one person to be the 'leader' and to read the words on the list out loud, in English or Spanish, while the other people each take a card and a pile of the cut-out squares. The leader can be the teacher or a student. As the leader calls out a word, anyone who has it on his or her card can cover it with a cut-out square. The center box is 'free' and can be covered at the start of the game.

The list of words is divided into columns on purpose to make it easier to read the words in a different order each time the game is played. The leader can read the columns up or down, in any order, and still keep track of which words have already been called.

The game can be played until one person has covered the entire card or until one or two rows are covered (horizontal, vertical, diagonal, or any direction), depending on the desires or attention span of the players. The point of the game, however, isn't just to win, it's to enjoy the game and learn in the process.

To store the games: Put each set of cards into a manilla envelope or file folder.

COMO SE JUEGAN

Para preparar los juegos: Copie las páginas de este libro en papel sencillo o en papel un poco más grueso (lo puede conseguir en cualquiera tienda donde sacan copias) para que los juegos duren un poco más. O si usted prefiere, simplemente corte las páginas del libro y úselas como estan. Copiar el juego le da la oportunidad de alterarlo antes de copiarlo.

Recorte cuadrados de 3 cm. por 3 cm. de papel cartulina o papel de color (copie el ejemplo del cuadrado en la página 125 si desea). Va a necesitar muchos de estos: por lo menos 25 veces el número de tarjetas que esté usando (ya que son 25 cuadrados por tarjeta), más algunos extras. Eso son por lo menos 150 cuadrados.

Para jugar el juego: Seleccione a una persona de líder y que lea las palabras de la lista en voz alta, en inglés o español, mientras los demás todos toman una tarjeta y un montón de los cuadrados recortados. El líder puede ser un maestro o un estudiante. Mientras el líder dice cada palabra, cualquiera que tenga esa palabra en su tarjeta, la puede tapar con uno de los cuadrados recortados. El cuadrado en el centro es libre y se puede cubrir al comienzo del juego.

La lista de palabras esta dividida a propósito en columnas para que así sea más fácil para leer las palabras en un orden diferente cada vez que el juego sea jugado. El líder puede leer las columnas de arriba o abajo, o en cualquier orden, y todavía saber cuales palabras ya ha dicho.

El juego puede ser jugado hasta que un jugador haya cubierto la tarjeta completa or hasta que una fila esté cubierta (horizontal, vertical, diagonal o en cualquiera dirección), dependiendo en lo que deseen o el tiempo de atención que tengan los jugadores. Pero el punto de este juego no es solamente ganar, sino también de gozar el juego y de aprender en el proceso.

Para guardar los juegos: Ponga cada grupo de tarjetas en un sobre grande o en un folleto.

MAKING MORE GAMES

The variations on the BINGO games are endless. All you need to make a new game is a list of words or numbers. You can make lists from categories such as animals, verbs, adjectives, new vocabulary from a story or textbook. Students can also suggest lists of their favorite words, or ones they especially need to practice. Almost anything can be adapted for a BINGO game.

To help students learn each other's names at the beginning of the year, make a BINGO game with their names. To learn more about each person, let each make a list of words that are important to him or her. If the students have trouble thinking of words, ask about their favorite colors, flowers, animals, places they've been, silly words they know, the latest 'in' words or just words they like.

You can adapt games as well as making whole new ones. Just substitute words on a game before copying it. Add local birds, animals, flowers, or people. If some words seem particularly inappropriate for your group, you can substitute other words.

DIRECTIONS FOR MAKING GAMES:

The size of the list can vary, as can the number of cards used (which of course, means the number of people who can play at one time) and the frequency each word will appear on the cards. Younger students (with shorter attention spans) sometimes prefer a shorter list with each word appearing on a greater percentage of cards.

I usually use a standard card with 24 usable squares with one 'free' square in the center. Most games in this book have 6 cards (#7 and #8 have 5 cards) and each word is on 3 of the 6 cards. Other possible combinations are listed below.

The following are the **basic directions** for the games:

1. Make a list of 48 words.

HACIENDO MAS JUEGOS

Las variaciones en el juego de BINGO son infinitas. Todo lo que necesita hacer es una nueva lista de palabras o números. Las listas pueden ser de ciertas categorías (animales, verbos, adjetivos), vocabulario nuevo de una historia o un texto. Los estudiantes pueden sugerir listas de sus palabras favoritas, o aquellas que necesitan practicar. Casi todo puede ser adaptado para un juego de BINGO.

Para que los estudiantes aprendan los nombres de los demás al comienzo del año, haga un BINGO con sus nombres. Para aprender más acerca de cada persona, deje que cada uno haga una lista de palabras que sea importante para el o ella. Si a los estudiantes les cuesta pensar en palabras, pregúnteles acerca de sus colores favoritos, flores, animales, lugares que han visitado, palabras absurdas que conocen, las últimas palabras de moda, o simplemente palabras que les gusten.

Usted puede adaptar juegos o hacer unos completamente nuevos. Simplemente cambie palabras antes de copiar el juego. Añada pájaros del area, animales, flores, o personas. Si algunas palabras son inapropiadas para su grupo, cámbielas por otras .

INSTRUCCIONES PARA HACER JUEGOS:

El tamaño de la lista puede variar, como puede el número de tarjetas usadas (lo que por supuesto significa el número de personas que pueden jugar al mismo tiempo), la frequencia con la cual aparece cada palabra en la tarjeta, o incluso el número de cuadrados en cada tarjeta. Los estudiantes menores (con tiempo de atención más corto) a veces prefieren una lista más corta y con palabras que aparecien en un mayor porcentaje de tarjetas.

Yo generalmente uso una tarjeta estandar de 24 cuadrados que se pueda usar con un cuadrado libre en el centro. La mayoría de los juegos en este libro tienen 6 tarjetas (#7 y #8 tienen 5 tarjetas) y cada palabra aparece en 3 de las 6 tarjetas. Otras posibles combinaciones están enumeradas abajo.

Las siguients son las **direcciones básicas** para el juego:

2. Make six copies of the blank sample card on page 16 on either plain paper or on card stock.

3. Write each word from your list on 3 of the 6 cards, trying to spread the words evenly among the cards (you don't want to end up with 4 empty spaces on one card when you've finished your word list) and placing them in different positions on each card. If you want to be systematic you can write word #1 on cards 1,2,3; word #2 on cards 2,3,4; word # 3 on cards 3,4,5; and so on until all cards are filled (word # 5 goes on cards 5,6,1). If you want to ensure that there will be only one 'winner' when you are covering the whole card, write 6 of the words on only one of the six cards, instead of 3 of 6, and compensate by writing some of the others on 4 cards or adding a few more words.

4. Cut out the cover-up squares (from any colored paper or poster board) if you don't already have them. You'll need at least 150 for 6 cards (plus extras because they get lost easily). Or use large beans.

5. That's it. Enjoy the game!

*   *   *   *   *

The above directions are for making games using 6 cards but you can use any number of cards. Here are some suggested number variations:

5 cards:	with a 40 word list, write each word on 3 of 5 cards.
8 cards:	with a 48 word list, write each word on 4 of 8 cards;
	with a 32 word list, write each word on 6 cards.
10 cards:	with a 48 word list, write each word on 5 of 10 cards;
	with a 40 word list, write each word on 6 cards.
12 cards:	with a 48 word list, write each word on 6 of 12 cards;
	with a 36 word list, write each word on 8 cards.
20 cards:	with a 48 word list, write each word on 10 of 20 cards;
	with a 40 word list, write each word on 12 cards.
24 cards:	with a 48 word list, write each word on 12 of 24 cards;
	with a 36 word list, write each word on 16 cards.
25 cards:	with a 40 word list, write each word on 15 of 25 cards;
	with a 50 word list, write each word on 12 cards.

                                             BINGO BOOK # 4

1. Haga una lista de 48 palabras.

2. Haga 6 copias de la tarjeta ejemplo en blanco de la página 16, ya sea en papel banco o papel cartulina.

3. Escriba cada palabra de su lista en 3 de las 6 tarjetas, tratando de reprtir las palabras de una forma más o menos igual entre las tarjetas (no quiere terminar con 4 espacios vacíos en una tarjeta cuando ya se le hayan acabado las palabras de la lista) y coloquélas en lugares diferentes en cada tarjeta. Si quiere ser muy sistemático, puede escribir palabra #1 en tarjetas 1,2,3; palabra #2 en tarjetas 2,3,4; palabra #3 in tarjetas 3,4,5; y siguiendo así hasta que todas las tarjetas estén llenas (palabra #5 va en tarjetas 5,6,1).

Recorte los cuadrados para tapar (de cualquier papel de color o cartulina) si todavía no los tiene. Va a necesitar por lo menos 150 para 6 tarjetas (más algunos extra porque se pierden fácilmente). O use frijoles grandes.

5. Eso es todo. Goze el juego.

****

Las instrucciones anteriores son para hacer juegos usando 5 tarjetas pero usted puede usar cualquier número de tarjetas. Aquí hay algunas sugerencias con diferents números:

5 tarjetas: con una lista de 40 escriba cada palabra en 3 de 5 tarjetas,

8 tarjetas: con una lista de 48, escriba cada palabra en 4 de 8 tarjetas,
con una lista de 32, escriba cada palabras en 6 tarjetas.

10 tarjetas: con una lista de 48, escriba cada palabra en 5 de 10 tarjetas,
con una lista de 40, escriba cada palabra en 6 tarjetas.

12 tarjetas: con una lista de 48, escriba cada palabra en 6 de 12 tarjetas,
con una lista de 36, escriba cada palabra en 8 tarjetas.

20 tarjetas: con una lista de 48, escriba cada palabra en 10 de 20 tarjetas,
con una lista de 40, escriba cada palabra en 12 tarjetas.

24 tarjetas: con una lista de 48, escriba cada palabra en 12 de 24 tarjetas,
con una lista de 36, escriba cada palabra en 16 tarjetas.

25 tarjetas: con una lista de 40, escriba cada palabra en 15 de 25 tarjetas,
con una lista de 50, escriba cada palabra en 12 tarjetas.

GAME # 1: NUMBERS/ LOS NUMEROS

24	twenty-four veinticuatro	**56**	fifty-six cincuenta y seis	**82**	eighty-two ochenta y dos
9	nine nueve	**38**	thirty-eight treintey ocho	**267**	two hundred sixty-seven doscientos sesenta y siete
45	forty-five cuarenta y cinco	**999**	nine hundred ninety-nine novecientos noventa y nueve	**16**	sixteen dieciséis
72	seventy-two setenta y dos	**12**	twelve doce	**91**	ninety-one noventa y uno
14	fourteen catorce	**69**	sixty-nine sesenta y nueve	**55**	fifty-five cincuenta y cinco
486	four hundred eighty-six cuatrocientos ochenta y seis	**50**	fifty cincuenta	**11**	eleven once
98	ninety-eight noventa y ocho	**141**	one hundred forty-one ciento quarento y uno	**37**	thirty-seven treinte y siete
632	six hundred thirty-two seiscientos treinta y dos	**13**	thirteen trece	**715**	seven hundred and fifteen setecientos quince
53	fifty-three cincuenta y tres	**76**	seventy-six sesenta y seis	**25**	twenty-five veinticinco
10	ten diez	**828**	eight hundred twenty-eight ochocientos veintiocho	**3**	three tres
83	eighty-three ochenta y tres	**302**	three hundred and two trescientos dos	**100**	one hundred cien
174	one hundred seventy-four ciento setenta y cuatro	**15**	fifteen quince	**561**	five hundred sixty-one quinientos sesenta y uno
812	eight hundred and twelve ochocientos doce	**79**	seventy-nine setenta y nueve	**18**	eighteen dieciocho
62	sixty-two sesenta y dos	**800**	eight hundred ochocientos	**760**	seven hundred and sixty setecientos sesenta
1000	one thousand mil	**1**	one uno	**88**	eighty-eight ochento y ocho
19	nineteen diecinueve	**7**	seven siete	**2**	two dos

BINGO BOOK # 4

37 treinte y siete	**24** veinticuatro	**55** cincuenta y cinco	**88** ochenta y ocho	**56** cincuenta y seis
19 diecineuve	**83** ochenta y tres	**561** quinientos sesenta y uno	**69** sesenta y nueve	**812** ochocientos doce
141 ciento cuarenta y uno	**1** uno		**100** cien	**486** cuatrocientos ochenta y seis
98 noventa y ocho	**11** once	**174** ciento setenta y cuatro	**62** sesenta y dos	**50** cincuenta
18 dieciocho	**302** trescientos dos	**13** trece	**14** catorce	**82** ochenta y dos

GAME # 1: LOS NUMEROS

37 thirty-seven	**24** twenty-four	**55** fifty-five	**88** eighty-eight	**56** fifty-six
19 nineteen	**83** eighty-three	**561** five hundred sixty-one	**69** sixty-nine	**812** eight hundred and twelve
141 one hundred forty-one	**1** one		**100** one hundred	**486** four hundred eighty-six
98 ninety-eight	**11** eleven	**174** one hundred seventy-four	**62** sixty-two	**50** fifty
18 eighteen	**302** three hundred and two	**13** thirteen	**14** fourteen	**82** eighty-two

GAME # 1: NUMBERS

632 seiscientos treinta y dos	**13** trece	**760** setecientos sesenta	**50** cincuenta	**98** noventa y ocho
715 setecientos quince	**812** ochocientos doce	**9** nueve	**82** ochenta y dos	**1** uno
267 doscientos sesenta y siete	**486** cuatrocientos ochenta y seis	✕	**18** dieciocho	**56** cincuenta y sies
38 treinta y ocho	**11** once	**141** ciento quarento y uno	**15** quince	**2** dos
19 diecinueve	**174** ciento setenta y cuatro	**561** quinientos sesenta y uno	**24** veinticuatro	**37** treinte y siete

GAME # 1: LOS NUMEROS

<table>
<tr><td>632
six hundred thirty-two</td><td>13
thirteen</td><td>760
seven hundred and sixty</td><td>50
fifty</td><td>98
ninety-eight</td></tr>
<tr><td>715
seven hundred and fifteen</td><td>812
eight hundred and twelve</td><td>9
nine</td><td>82
eighty-two</td><td>1
one</td></tr>
<tr><td>267
two hundred sixty-seven</td><td>486
four hundred eighty-six</td><td>✕</td><td>18
eighteen</td><td>56
fifty-six</td></tr>
<tr><td>38
thirty-eight</td><td>11
eleven</td><td>141
one hundred forty-one</td><td>15
fifteen</td><td>2
two</td></tr>
<tr><td>19
nineteen</td><td>174
one hundred seventy-four</td><td>561
five hundred sixty-one</td><td>24
twenty-four</td><td>37
thirty-seven</td></tr>
</table>

GAME # 1: NUMBERS

76 setenta y seis	**7** siete	**632** seiscientos treinte y dos	**267** doscientos sesenta y siete	**16** dieciséis
18 dieciocho	**38** treinta y ocho	**37** treinte y siete	**45** cuarenta y cinco	**800** ochocientos
53 cincuenta y tres	**19** diecinueve	✕	**25** veinticinco	**9** nueve
82 ochenta y dos	**98** noventa y ocho	**24** veinticuatro	**3** tres	**999** novecientos noventa y nueve
15 quince	**141** ciento cuarenta y uno	**2** dos	**56** cincuenta y seis	**715** setecientos quince

GAME # 1: LOS NUMEROS

76 seventy-six	**7** seven	**632** six hundred thirty-two	**267** two hundred sixty-seven	**16** sixteen
18 eighteen	**38** thirty-eight	**37** thirty-seven	**45** forty-five	**800** eight hundred
53 fifty-three	**19** nineteen	✕	**25** twenty-five	**9** nine
82 eighty-two	**98** ninety-eight	**24** twenty-four	**3** three	**999** nine hundred ninety-nine
15 fifteen	**141** one hundred forty-one	**2** two	**56** fifty-six	**715** seven hundred and fifteen

GAME # 1: NUMBERS

3 tres	**715** setecientos quince	**53** cincuenta y tres	**15** quince	**76** setenta y seis
16 dieciséis	**2** dos	**50** cincuenta	**999** novecientos noventa y nueve	**10** diez
45 cuarenta y cinco	**25** veinticinco	✕	**72** setenta y dos	**7** siete
12 doce	**141** ciento cuarenta y uno	**828** ochocientos veintiocho	**632** seiscientos treinte y dos	**91** noventa y uno
79 setenta y nueve	**9** nueve	**38** treinte y ocho	**1000** mil	**267** doscientos sesenta y siete

GAME # 1:   LOS NUMEROS

3 three	**715** seven hundred and fifteen	**53** fifty-three	**15** fifteen	**76** seventy-six
16 sixteen	**2** two	**50** fifty	**999** nine hundred ninety-nine	**10** ten
45 forty-five	**25** twenty-five	✕	**72** seventy-two	**7** seven
12 twelve	**141** one hundred forty-one	**828** eight hundred twenty-eight	**632** six hundred thirty-two	**91** ninety-one
79 seventy-nine	**9** nine	**38** thirty-eight	**1000** one thousand	**267** two hundred sixty-seven

GAME # 1: NUMBERS

<table>
<tr><td>25
veinticinco</td><td>72
setenta y dos</td><td>632
seiscientos treinte y dos</td><td>999
novecientos noventa y nueve</td><td>55
cincuenta y cinco</td></tr>
<tr><td>828
ochocientos veintiocho</td><td>88
ochenta y ocho</td><td>69
sesenta y nueve</td><td>1000
mil</td><td>53
cincuenta y tres</td></tr>
<tr><td>76
setenta y seis</td><td>91
noventa y uno</td><td>✕</td><td>12
doce</td><td>100
cien</td></tr>
<tr><td>7
siete</td><td>14
catorce</td><td>302
trescientos dos</td><td>3
tres</td><td>45
cuarenta y cinco</td></tr>
<tr><td>83
ochenta y tres</td><td>79
setenta y nueve</td><td>16
dieciséis</td><td>10
diez</td><td>62
sesenta y dos</td></tr>
</table>

GAME # 1: LOS NUMEROS

25 twenty-five	**72** seventy-two	**632** six hundred thirty-two	**999** nine-hundred ninety-nine	**55** fifty-five
828 eight hundred twenty-eight	**88** eighty-eight	**69** sixty-nine	**1000** one thousand	**53** fifty-three
76 seventy-six	**91** ninety-one	✕	**12** twelve	**100** one hundred
7 seven	**14** fourteen	**302** three hundred and two	**3** three	**45** forty-five
83 eighty-three	**79** seventy-nine	**16** sixteen	**10** ten	**62** sixty-two

GAME # 1: NUMBERS

486 cuatrocientos ochenta y seis	**79** setenta y nueve	**13** trece	**14** catorce	**561** quinientos sesenta y uno
62 sesenta y dos	**91** noventa y uno	**100** cien	**812** ochocientos doce	**828** ochocientos veintiocho
174 ciento setenta y cuatro	**1** uno	✕	**83** ochenta y tres	**11** once
69 sesenta y neuve	**10** diez	**55** cincuenta y cinco	**88** ochenta y ocho	**302** trescientos dos
3 tres	**50** cincuenta	**1000** mil	**12** doce	**72** setenta y dos

GAME # 1: LOS NUMEROS

486	79	13	14	561
four hundred eighty-six	seventy-nine	thirteen	fourteen	five hundred sixty-one
62	91	100	812	828
sixty-two	ninety-one	one hundred	eight hundred and twelve	eight hundred twenty-eight
174	1		83	11
one hundred seventy-four	one	FREE	eighty-three	eleven
69	10	55	88	302
sixty-nine	ten	fifty-five	eighty-eight	three hundred and two
3	50	1000	12	72
three	fifty	one thousand	twelve	seventy-two

GAME # 1: NUMBERS

GAME # 2: NOUNS/ LOS SUSTANTIVOS

thing/ la cosa

word/ la palabra

table/ la mesa

boy/ el chico

book/ el libro

mother/ la madre

bicycle/ la bicicleta

paper/ el papel

step-mother/ la madrastra

tree/ el árbol

street/ la calle

sister/ la hermana

uncle/ el tío

city/ la ciudad

ball/ la pelota

airplane/ el avión

flower/ el flor

room/ el cuarto

money/ el dinero

aunt/ la tía

man/ el hombre

class/ la clase

school/ la escuela

train/ el tren

girl/ la chica

sun/ el sol

brother/ el hermano

chair/ la silla

mountain/ la montaña

grandmother/ la abuela

bed/ la cama

country/ el país

sky/ el cielo

pencil/ el lápiz

river/ el río

friend/ el amigo

door/ la puerte

woman/ la mujer

father/ el padre

house/ la casa

car/ el coche

student/ el estudiante

grandfather/ el abuelo

guitar/ la guitarra

box/ la caja

ocean/ la mar

step-father/ el padrastro

store/ la tienda

el tren	el libro	el abuelo	la cosa	la cama
la guitarra	la montaña	la mesa	la silla	la casa
la puerta	la mujer	✕	el hermano	la tía
el cuarto	la tienda	el chico	la flor	el hombre
la calle	la escuela	la caja	el coche	el árbol

GAME # 2: LOS SUSTANTIVOS

train	book	grandfather	thing	bed
guitar	mountain	table	chair	house
door	woman	✕	brother	aunt
room	store	boy	flower	man
street	school	box	car	tree

GAME # 2: NOUNS

la madre	el coche	la tía	la bicicleta	la montaña
la pelota	la silla	la chica	la abuela	el tren
la tienda	el país	✕	el árbol	la escuela
la cosa	el hombre	la casa	la mesa	la calle
el amigo	el chico	el padrastro	el abuelo	la guitarra

GAME # 2: LOS SUSTANTIVOS

mother	car	aunt	bicycle	mountain
ball	chair	girl	grandmother	train
store	country		tree	school
thing	man	house	table	street
friend	boy	step-father	grandfather	guitar

GAME # 2: NOUNS

el avión	la madrastra	la guitarra	el país	la bicicleta
la calle	el cielo	el padrastro	el chico	el amigo
el papel	el padre	✗	el sol	la hermana
el abuelo	la chica	el dinero	la pelota	la madre
la cama	la mesa	la escuela	la abuela	el tren

GAME # 2: LOS SUSTANTIVOS

airplane	step-mother	guitar	country	bicycle
street	sky	step-father	boy	friend
paper	father	✕	sun	sister
grandfather	girl	money	ball	mother
bed	table	school	grandmother	train

GAME # 2: NOUNS

BINGO BOOK # 4

<table>
<tr><td>el lápiz</td><td>el río</td><td>el papel</td><td>la madre</td><td>el dinero</td></tr>
<tr><td>el estudiante</td><td>la pelota</td><td>el padre</td><td>la mar</td><td>la ciudad</td></tr>
<tr><td>la chica</td><td>el avión</td><td>✕</td><td>la bicicleta</td><td>el tío</td></tr>
<tr><td>la clase</td><td>la madrastra</td><td>la palabra</td><td>la hermana</td><td>el país</td></tr>
<tr><td>el amigo</td><td>el sol</td><td>el cielo</td><td>le padrastro</td><td>la abuela</td></tr>
</table>

GAME # 2:   LOS SUSTANTIVOS

pencil	river	paper	mother	money
student	ball	father	ocean	city
girl	airplane	✕	bicycle	uncle
class	step-mother	word	sister	country
friend	sun	sky	step-father	grandmother

GAME # 2: NOUNS

la cosa	la tienda	el cuarto	el lápiz	el hombre
el hermano	la tía	el estudiante	la madre	la palabra
el río	la caja	✕	la mujer	la mar
el coche	la casa	el árbol	la cama	la flor
la silla	el tío	la ciudad	la puerta	el libro

GAME # 2: LOS SUSTANTIVOS

thing	store	room	pencil	man
brother	aunt	student	mother	word
river	box	✕	woman	ocean
car	house	tree	bed	flower
chair	uncle	city	door	book

GAME # 2: NOUNS

el hermano	el sol	la hermana	la mujer	la cama
el padre	el dinero	la puerta	la caja	el cielo
el río	la flor	✕	el lápiz	el papel
el tío	la ciudad	el cuarto	la palabra	la cosa
el libro	la madrastra	le mar	el avión	el estudiante

GAME # 2: LOS SUSTANTIVOS

brother	sun	sister	woman	bed
father	money	door	box	sky
river	flower		pencil	paper
uncle	city	room	word	thing
book	step-mother	ocean	airplane	student

GAME # 2: NOUNS

GAME # 3: ADJECTIVES/ LOS ADJETIVOS

happy/ feliz	**lazy**/ perezoso (a)	**beautiful**/ hermoso (a)
smart/ listo (a)	**white**/ blanco (a)	**bad**/ malo (a)
cold/ frío (a)	**good**/ bueno (a)	**yellow**/ amarillo (a)
strong/ fuerte	**ugly**/ féo (a)	**tired**/ cansado (a)
rich/ rico (a)	**big**/ grande	**fat**/ gordo (a)
short/ corto (a)	**narrow**/ estrecho (a)	**hot**/ caliente
red/ rojo (a)	**first**/ primero (a)	**shy**/ tímido (a)
thin/ delgado (a)	**much**/ mucho (a)	**poor**/ pobre
last/ último (a)	**blue**/ azul	**brown**/ pardo (a)
small/ pequeño (a)	**long**/ largo (a)	**heavy**/ pesado (a)
sad/ triste	**dry**/ seco (a)	**funny**/ cómico (a)
green/ verde	**black**/ negro (a)	**slow**/ lento (a)
hard/ duro	**proud**/ orgulloso (a)	**expensive**/ caro
nervous/ nervioso (a)	**dangerous**/ peligroso (a)	**stupid**/ estúpido (a)
wet/ mojado (a)	**sweet**/ dulce	**nice**/ simpático (a)
humble/ humilde	**fast**/ rápido	**scary**/ miedoso (a)

46

mucho	nervioso	largo	bueno	miedoso
seco	hermoso	rico	rojo	humilde
grande	primero	✕	tímido	peligroso
simpático	mojado	duro	feliz	azul
pesado	pardo	rápido	triste	amarillo

GAME # 3: LOS ADJETIVOS

much	nervous	long	good	scary
dry	beautiful	rich	red	humble
big	first	✕	shy	dangerous
nice	wet	hard	happy	blue
heavy	brown	fast	sad	yellow

GAME # 3: ADJECTIVES

mojado	azul	negro	feliz	delgado
rojo	dulce	cansado	nervioso	lento
amarillo	humilde	✕	primero	corto
pesado	hermoso	largo	frío	mucho
miedoso	peligroso	rico	listo	rápido

GAME # 3: LOS ADJETIVOS

wet	blue	black	happy	thin
red	sweet	tired	nervous	slow
yellow	humble	✕	first	short
heavy	beautiful	long	cold	much
scary	dangerous	rich	smart	fast

GAME # 3: ADJECTIVES

listo	lento	perezoso	malo	féo
frío	gordo	caro	último	rico
delgado	feliz	✕	fuerte	negro
humilde	orgulloso	rojo	corto	azul
cansado	mucho	dulce	largo	amarillo

GAME # 3: LOS ADJETIVOS

<table>
<tr><td>smart</td><td>slow</td><td>lazy</td><td>bad</td><td>ugly</td></tr>
<tr><td>cold</td><td>fat</td><td>expensive</td><td>last</td><td>rich</td></tr>
<tr><td>thin</td><td>happy</td><td>✕</td><td>strong</td><td>black</td></tr>
<tr><td>humble</td><td>proud</td><td>red</td><td>short</td><td>blue</td></tr>
<tr><td>tired</td><td>much</td><td>sweet</td><td>long</td><td>yellow</td></tr>
</table>

GAME # 3: ADJECTIVES

blanco	delgado	corto	orgulloso	caliente
cansado	féo	verde	cómico	dulce
pobre	fuerte	╳	lento	frío
perezoso	último	grande	listo	estúpido
gordo	negro	malo	pequeño	caro

GAME # 3: LOS ADJETIVOS

white	thin	short	proud	hot
tired	ugly	green	funny	sweet
poor	strong	✕	slow	cold
lazy	last	big	smart	stupid
fat	black	bad	small	expensive

GAME # 3: ADJECTIVES

pardo	simpático	grande	pobre	triste
tímido	seco	malo	estrecho	perezoso
bueno	pequeño	✕	blanco	gordo
caliente	fuerte	último	miedoso	duro
caliente	pequeño	caro	verde	cómico

GAME # 3: LOS ADJETIVOS

brown	nice	big	poor	sad
shy	dry	bad	narrow	lazy
good	small	✕	white	fat
hot	strong	last	scary	hard
hot	small	expensive	green	funny

GAME # 3: ADJECTIVES

BINGO BOOK # 4

triste	duro	seco	verde	frío
pequeño	amarillo	rápido	cómico	pardo
pesado	grande	✕	mojado	simpático
peligroso	nervioso	hermoso	bueno	miedoso
primero	caliente	blanco	tímido	pobre

GAME # 3: LOS ADJETIVOS

sad	hard	dry	green	cold
small	yellow	fast	funny	brown
heavy	big	✕	wet	nice
dangerous	nervous	beautiful	good	scary
first	hot	white	shy	poor

GAME # 3: ADJECTIVES

GAME # 4: CALENDAR/ EL CALENDARIO

day/ el día

April/ abril

Sunday/ el domingo

today/ hoy

September/ septiembre

snow/ la nieve

Thursday/ el jueves

year/ el año

west/ el oeste

February/ febrero

afternoon/ la tarde

October/ octubre

hour/ la hora

wind/ el viento

north/ el norte

century/ el siglo

spring/ la primavera

Monday/ el lunes

January/ enero

rain/ la lluvia

week/ la semana

July/ julio

winter/ el invierno

Tuesday/ el martes

south/ el sur

November/ noviembre

night/ la noche

May/ mayo

midnight/ la medianoche

summer/ el verano

minute/ el minuto

cloud/ la nube

June/ junio

Friday/ el viernes

east/ el este

fall/ el otoño

Wednesday/ el miércoles

yesterday/ ayer

month/ el mes

August/ agosto

noon/ el mediodía

December/ diciembre

tomorrow/ mañana

Saturday/ el sábado

moon/ la luna

last night/ anoche

clock/ el reloj

storm/ la tempestad

hoy	el jueves	noviembre	el otoño	la noche
la luna	la hora	mayo	el año	el invierno
el viento	el miercoles	✕	ayer	julio
la primavera	la nube	mañana	el día	el siglo
agosto	la medianoche	la tempestad	el oeste	el martes

GAME # 4: EL CALENDARIO

today	Thursday	November	fall	night
moon	hour	May	year	winter
wind	Wednesday	✕	yesterday	July
spring	cloud	tomorrow	day	century
August	midnight	storm	west	Tuesday

GAME # 4: CALENDAR

el día	el año	el reloj	febrero	septiembre
la primavera	la luna	abril	la tarde	el oeste
mayo	noviembre	✕	hoy	la nube
el otoño	el viento	la medianoche	el jueves	el mes
ayer	junio	el siglo	la noche	el verano

GAME # 4:   EL CALENARIO

day	year	clock	February	September
spring	moon	April	afternoon	west
May	November	✕	today	cloud
fall	wind	midnight	Thursday	month
yesterday	June	century	night	summer

GAME # 4: CALENDAR

el norte	la luna	el viernes	el otoño	junio
el mes	diciembre	el este	ayer	el domingo
febrero	la nieve	✕	el miércoles	el lunes
noviembre	el reloj	el año	hoy	abril
septiembre	el verano	la tarde	el dîa	anoche

GAME # 4: EL CALENDARIO

north	moon	Friday	fall	June
month	December	east	yesterday	Sunday
February	snow	✗	Thursday	Monday
November	clock	year	today	April
September	summer	afternoon	day	last night

GAME # 4: CALENDAR

     BINGO BOOK # 4

mañana	el verano	la tarde	el mes	el mediodía
la nieve	la lluvia	enero	el sur	el reloj
el domingo	septiembre		abril	la semana
el lunes	el minuto	octubre	el viernes	el norte
junio	el este	diciembre	anoche	febrero

GAME # 4: EL CALENDARIO

tomorrow	summer	afternoon	month	noon
snow	rain	January	south	clock
Sunday	September	✕	April	week
Monday	minute	October	Friday	north
June	east	December	last night	February

GAME # 4: CALENDAR

el este	julio	el lunes	el norte	el martes
el viernes	octubre	la tempestad	la nieve	diciembre
la hora	mayo		agosto	el domingo
la lluvia	el invierno	anoche	enero	el minuto
mañana	el mediodía	el miércoles	el sur	la primavera

GAME # 4: EL CALENDARIO

east	July	Monday	north	Tuesday
Friday	October	storm	snow	December
hour	May		August	Sunday
rain	winter	last night	January	minute
tomorrow	noon	Wednesday	south	spring

GAME # 4: CALENDAR

la medianoche	el invierno	el miércoles	el mediodía	febrero
octubre	el martes	la nube	el minuto	la hora
el oeste	mañana	✕	el sur	agosto
julio	la noche	el viento	el sábado	la lluvia
enero	el siglo	la primavera	la tempestad	mayo

GAME # 4: EL CALENDARIO

midnight	winter	Wednesday	noon	February
October	Tuesday	cloud	minute	hour
west	tomorrow	✕	south	August
July	night	wind	Saturday	rain
January	century	spring	storm	May

GAME # 4: CALENDAR

GAME # 5: VERBS/ LOS VERBOS

sing/ cantar

talk/ hablar

see/ ver

cry/ llorar

dance/ bailar

run/ correr

make/ hacer

be (someone)/ ser

have/ tener

take/ tomar

live/ vivir

want/ querer

give/ dar

open/ abrir

like/ gustar

know/ saber

fly/ volar

laugh/ reír

drink/ beber

fall/ caér

throw/ tirar

sleep/ dormir

listen/ escuchar

work/ trabajar

think/ pensar

be (somewhere)/ estar

eat/ comer

go/ ir

drive/ manejar

hope/ esperar

choose/ escoger

die/ morir

study/ estudiar

play/ jugar

learn/ aprender

paint/ pintar

love/ amar

dream/ soñar

stop/ parar

walk/ andar

feel/ sentir

come/ venir

pick up/ recoger

buy/ comprar

say/ decir

yell/ gritar

write/ escribir

close/ cerrar

AaBbCcDdEeFf

cantar	andar	escuchar	dormir	pintar
saber	comprar	volar	escoger	jugar
hablar	oír	✗	querer	tirar
ser	caer	manejar	reír	esperar
dar	sentir	beber	amar	estar

GAME # 5: LOS VERBOS

sing	walk	listen	sleep	paint
know	buy	fly	choose	play
talk	hear	✕	want	throw
be (someone)	fall	drive	laugh	hope
give	feel	drink	love	be (somewhere)

GAME # 5: VERBS

ver	comer	parar	bailar	abrir
caer	escuchar	gritar	tirar	beber
manejar	amar	✕	saber	sentir
esperar	andar	cantar	comprar	reír
hablar	dar	tener	trabajar	dormir

GAME # 5: LOS VERBOS

see	eat	stop	dance	open
fall	listen	yell	throw	drink
drive	love	✕	know	feel
hope	walk	sing	buy	laugh
talk	give	have	work	sleep

GAME # 5: VERBS

estudiar	ser	aprender	oír	gustar
querer	cantar	andar	cerrar	manejar
dar	reír	✕	saber	hacer
jugar	volar	caer	pintar	estar
venir	decir	escoger	vivir	escuchar

GAME # 5: LOS VERBOS

study	be (someone)	learn	hear	like
want	sing	walk	close	drive
give	laugh	✕	know	make
play	fly	fall	paint	be (somewhere)
come	say	choose	live	listen

GAME # 5: VERBS

tomar	jugar	ir	estar	dar
morir	pintar	hacer	soñar	volar
escribir	querer	✕	pensar	decir
llorar	manejar	ser	escoger	oír
aprender	estudiar	vivir	cerrar	gustar

GAME # 5: LOS VERBOS

take	play	go	be (somewhere)	give
die	paint	make	dream	fly
write	want	✕	think	say
cry	drive	be (someone)	choose	hear
learn	study	live	close	like

GAME # 5:   VERBS

escribir	beber	tirar	hablar	esperar
comprar	tener	amar	llorar	escuchar
sentir	ir	✕	corrir	pensar
tomar	morir	trabajar	soñar	parar
comer	gritar	bailar	ver	abrir

GAME # 5: LOS VERBOS

write	drink	throw	talk	hope
buy	have	love	cry	listen
sit	go	✕	run	think
take	die	work	dream	stop
eat	yell	dance	see	open

GAME # 5: VERBS

bailar	llorar	tomar	trabajar	cerrar
soñar	ir	esperar	ver	vivir
aprender	estar	✗	gritar	estudiar
pensar	gustar	dar	hacer	comer
morir	parar	escribir	abrir	tener

GAME # 5: LOS VERBOS

<table>
<tr><td>dance</td><td>cry</td><td>take</td><td>work</td><td>close</td></tr>
<tr><td>dream</td><td>go</td><td>hope</td><td>see</td><td>live</td></tr>
<tr><td>learn</td><td>be
(somewhere)</td><td></td><td>yell</td><td>study</td></tr>
<tr><td>think</td><td>like</td><td>give</td><td>make</td><td>eat</td></tr>
<tr><td>die</td><td>stop</td><td>write</td><td>open</td><td>have</td></tr>
</table>

GAME # 5: VERBS

GAME # 6: ANIMALS/ LOS ANIMALES

English/Spanish	English/Spanish	English/Spanish
dinosaur/ el dinosaurio	**lion/** el león	**panda/** el panda
giraffe/ la jirafa	**dog/** el perro	**raccoon/** el mapache
mouse/ el ratón	**cow/** la vaca	**lizard/** el lagarto
rabbit/ el conejo	**monkey/** el mono	**duck/** el pato
bear/ el oso	**cat/** el gato	**fox/** el zorro
butterfly/ la mariposa	**elephant/** el elefante	**crocodile/** el cocodrilo
frog/ la rana	**bee/** la abeja	**bat/** el murcíelago
horse/ el caballo	**ant/** la hormiga	**turkey/** el pavo
turtle/ la tortuga	**bird/** el pájaro	**wolf/** el lobo
spider/ la araña	**zebra/** la cebra	**armadillo/** el armadillo
fish/ el pez	**goat/** la cabra	**squirrel/** la ardilla
snake/ la culebra	**sheep/** la oveja	**camel/** el camello
pig/ el cerdo	**donkey/** el burro	**goose/** el ganso
whale/ la ballena	**fly/** la mosca	**octopus/** el pulpo
parrot/ el papagayo	**gorilla/** el gorila	**skunk/** la mofeta
seal/ la foca	**kangaroo/** el canguro	**hippopotamus/** el hipopótamo

el ganso	la hormiga	el canguro	el dinosaurio	el mono
el camello	el conejo	el pájaro	la mariposa	la rana
la mosca	el elephante	✕	la ardilla	el burro
la cebra	la jirafa	el hipopótamo	el ratón	la abeja
la tortuga	el oso	el zorro	la cebra	el perro

GAME # 6: LOS ANIMALES

goose	ant	kangaroo	dinosaur	monkey
camel	rabbit	bird	butterfly	frog
fly	elephant	✕	squirrel	donkey
goat	giraffe	hippopotamus	mouse	bee
turtle	bear	fox	zebra	dog

GAME # 6: ANIMALS

BINGO BOOK # 4

el hipopótamo	el cocodrilo	la culebra	la rana	la tortuga
el gorila	el perro	el cerdo	el elephante	el pavo
el murcíelago	el oso	✕	el pavo	la mosca
la cebra	la araña	la cabra	la jirafa	el camello
el zorro	el canguro	el mono	la foca	el dinosaurio

GAME # 6: LOS ANIMALES

hippopotamus	crocodile	snake	frog	turtle
gorilla	dog	pig	elephant	duck
bat	bear	✕	turkey	fly
zebra	spider	goat	giraffe	camel
fox	kangaroo	monkey	seal	dinosaur

GAME # 6: ANIMALS

el caballo	la abeja	la tortuga	el ganso	el pájaro
la vaca	el conejo	el ratón	la cebra	el oso
el burro	la mosca	✕	el pulpo	el panda
el mono	el lobo	la oveja	el gato	el mariposa
la ardilla	la hormiga	hipopótamo	la cabra	el dinosaurio

GAME # 6: LOS ANIMALES

horse	bee	turtle	goose	bird
cow	rabbit	mouse	zebra	bear
donkey	fly	✕	octopus	panda
monkey	wolf	sheep	cat	butterfly
squirrel	ant	hippopotamus	goat	dinosaur

GAME # 6: ANIMALS

la mofeta	la mariposa	la oveja	el burro	el león
el gato	el pájaro	el lobo	la ardilla	el mapache
la hormiga	el lagarto	⊠	el conejo	la ballena
el panda	el pulpo	el papagayo	el pez	el caballo
el armadillo	el ganso	el ratón	la abeja	la vaca

GAME # 6:   LOS ANIMALES

skunk	butterfly	sheep	donkey	lion
cat	bird	wolf	squirrel	raccoon
ant	lizard	✕	rabbit	whale
panda	octopus	parrot	fish	horse
armadillo	goose	mouse	bee	cow

GAME # 6: ANIMALS

la araña	la ballena	el panda	el lagarto	el león
el papagayo	el armadillo	el gato	el pez	el caballo
el pulpo	la foca		la culebra	el cerdo
el lobo	la vaca	el gorila	la mofeta	el cocodrilo
el conejo	la oveja	el mapache	el pavo	el pato

GAME # 6: LOS ANIMALES

spider	whale	panda	lizard	lion
parrot	armadillo	cat	fish	horse
octopus	seal		snake	pig
wolf	cow	gorilla	skunk	crocodile
rabbit	sheep	raccoon	turkey	duck

GAME # 6: ANIMALS

<table>
<tr><td>el elephante</td><td>la foca</td><td>la mofeta</td><td>el papagayo</td><td>el zorro</td></tr>
<tr><td>el cerdo</td><td>el gorila</td><td>el pato</td><td>la araña</td><td>el mapache</td></tr>
<tr><td>el pavo</td><td>el camello</td><td>✕</td><td>el canguro</td><td>el pez</td></tr>
<tr><td>el legarto</td><td>el armadillo</td><td>el cocodrilo</td><td>el murcíelago</td><td>la rana</td></tr>
<tr><td>el león</td><td>la culebra</td><td>el perro</td><td>el burro</td><td>la jirafa</td></tr>
</table>

GAME # 6: LOS ANIMALES

elephant	seal	skunk	parrot	fox
pig	gorilla	duck	spider	raccoon
turkey	camel	✕	kangaroo	fish
lizard	armadillo	crocodile	bat	frog
lion	snake	dog	donkey	giraffe

GAME # 6: ANIMALS

GAME # 7: OTHER WORDS/ OTRAS PALABRAS

what/ qué

yes/ sí

who/ quién

always/ siempre

here/ aquí

with/ con

now/ ahora

why/ porqué

together/ junto

how/ cómo

near/ cerca

the/ el, la

and/ y

almost/ casi

other/ otro

but/ pero

where/ dónde

of/ de

each/ cada

same/ mismo

there/ allá

nothing/ nada

also/ también

early/ temprano

to/ a

everyone/ todos

nobody/ nadie

there/ allá

or/ o

no/ no

when/ cuando

without/ sin

in/ en

all/ todo

very/ mucho

never/ nunca

only/ solamente

maybe/ quizá

towards/ hasta

after/ después

late/ tarde

sí	nadie	hasta	junto	lejos
o	no	cerca	todos	y
tarde	sin	✕	otro	ahora
nunca	quizá	dónde	qué	pero
de	casi	todo	en	porqué

GAME # 7: OTRAS PALABRAS

yes	nobody	towards	together	far
or	no	near	everyone	and
late	without	✕	other	now
never	maybe	where	what	but
of	almost	all	in	why

GAME # 7: OTHER WORDS

siempre	y	mismo	el, la	solamente
todo	allá	a	cuando	tarde
cómo	de		también	dónde
aquí	cada	temprano	muy	nada
quién	pero	sí	con	hasta

GAME # 7: OTRAS PALABRAS

always	and	same	the	only
all	there	to	when	late
how	of	✕	also	where
here	each	early	very	nothing
who	but	yes	with	towards

GAME # 7: OTHER WORDS

BINGO BOOK # 4

temprano	nada	solamente	cómo	de
pero	todo	aquí	tarde	muy
no	después		sí	dónde
qué	porqué	allá	otro	quién
junto	nunca	quizá	y	cada

GAME # 7: OTRAS PALABRAS

early	nothing	only	how	of
but	all	here	late	very
no	after		yes	where
what	why	there	other	who
together	never	maybe	and	each

GAME # 7: OTHER WORDS

BINGO BOOK # 4

aquí	quién	cuando	cada	temprano
mismo	en	allá	todos	nadie
nada	ahora	✕	cómo	a
con	también	siempre	muy	el, la
hasta	cerca	solamente	sin	porqué

GAME # 7: OTRAS PALABRAS

here	who	when	each	early
same	in	there	everyone	nobody
nothing	now	✕	how	to
with	also	always	very	the
towards	near	only	without	why

GAME # 7: OTHER WORDS

quizá	hasta	qué	lejos	otro
el, la	ahora	en	a	cada
junto	cerca	✕	cuando	también
todos	nadie	nunca	no	o
con	porqué	sin	mismo	siempre

GAME # 7: OTRAS PALABRAS

maybe	towards	what	far	other
the	now	in	to	each
together	near	✕	when	also
everyone	nobody	never	no	or
with	why	without	same	always

GAME # 7: OTHER WORDS

GAME # 8: THE BODY/ EL CUERPO

face/ la cara

hand/ la mano

ear/ la oreja

sock/ el calcetín

pants/ el pantalón

skin/ la piel

nose/ la nariz

finger/ el dedo

belt/ el cinturón

bone/ el hueso

knee/ la rodilla

pocket/ el bolsillo

jacket/ la chaqueta

shirt/ la camisa

hat/ el sombrero

leg/ la pierna

dress/ el vestido

arm/ el brazo

hair/ el pelo

chest/ el pecho

coat/ el abrigo

neck/ el cuello

muscle/ el músculo

heart/ el corazón

earing/ la arete

comb/ el peine

necklace/ el collar

brain/ el cerebro

mouth/ la boca

shoe/ el zapato

skirt/ la falda

eye/ el ojo

foot/ el pié

head/ la cabeza

stomach/ el estómago

blood/ la sangre

ring/ el anillo

nerve/ el nervio

boot/ la bota

elbow/ el codo

la cabeza	el cinturón	el anillo	la rodilla	el nervio
el sombrero	la pierna	el abrigo	el ojo	la sangre
el pecho	la cara	✕	la camisa	la falda
la chaqueta	el zapato	el esómago	el arete	el hueso
el vestido	el pelo	el pié	el bolsillo	el brazo

GAME # 8: EL CUERPO

head	belt	ring	knee	nerve
hat	leg	coat	eye	blood
chest	face	✕	shirt	skirt
jacket	shoe	stomach	earing	bone
dress	hair	foot	pocket	arm

GAME # 8: THE BODY

el ojo	el brazo	el cerebro	la falda	el nervio
la boca	la cabeza	el cinturón	la chaqueta	el zapato
el hueso	el bolsillo	✕	la rodilla	el sombrero
el vestido	la sangre	la pierna	el codo	la mano
el calcetín	el músculo	el dedo	el arete	la piel

GAME # 8: EL CUERPO

eye	arm	brain	skirt	nerve
mouth	head	belt	jacket	shoe
bone	pocket	✕	knee	hat
dress	blood	leg	elbow	hand
sock	muscle	finger	earing	skin

GAME # 8: THE BODY

el arete	el músculo	la nariz	la mano	la oreja
el collar	la bota	el calcetín	la boca	el bolsillo
el zapato	la piel		la chaqueta	el cuello
el cerebro	la falda	el dedo	la rodilla	el pantalón
la cara	el piene	el corazón	el cinturón	la sangre

GAME # 8: EL CUERPO

earing	muscle	nose	hand	ear
necklace	boot	sock	mouth	pocket
shoe	skin	✕	jacket	neck
brain	skirt	finger	knee	pants
face	comb	heart	belt	blood

GAME # 8: THE BODY

el corazón	el estómago	el abrigo	la pierna	el pelo
el pantalón	el collar	la oreja	el pecho	la cabeza
el zapato	la cara	✕	el hueso	la nariz
el pié	el nervio	el peine	la falda	el cuello
el brazo	el vestido	el sombrero	el ojo	el anillo

GAME # 8: EL CUERPO

heart	stomach	coat	leg	hair
pants	necklace	ear	chest	head
shoe	face	✕	bone	nose
foot	nerve	comb	skirt	neck
arm	dress	hat	eye	ring

GAME # 8: THE BODY

el cerebro	el arete	el dedo	el pié	el zapato
el abrigo	el peine	el músculo	la piel	la cara
el pelo	el collar	✕	la mano	el corazón
el anillo	el sombrero	el pecho	la nariz	la oreja
la boca	el pantalón	el calcetín	el cuello	el estómago

GAME # 8:EL CUERPO

brain	earing	finger	foot	shoe
coat	comb	muscle	skin	face
hair	necklace	✕	hand	heart
ring	hat	chest	nose	ear
mouth	pants	sock	neck	stomach

GAME # 8: THE BODY

ORDER FORM

If you can't find these books by Helen Garvy in your local book store, copy this form and we'll be glad to send them to you (but do ask them first!)

_____ BINGO BOOK # 1: Lower Grades (ages 5-8, 80 pages, $6)
_____ BINGO BOOK # 2: Middle Grades (ages 8-12, 80 pages, $6)
_____ BINGO BOOK # 3: Upper Grades (ages 12-15, 80 pages, $6)
_____ BINGO BOOK # 4: Spanish/ Español (bilingual, 126 pages, $6)
_____ BINGO BOOK # 5: French / Français (bilingual, 126 pages, $6)

> Variations on the game of BINGO — for all ages and to teach a wide variety of subjects, including math, English, social and natural sciences. Each book contains eight complete BINGO games, instructions on how to make more games, and ideas on how to use the games both at home and in the classroom.

_____ The Immune System: Your Magic Doctor (76 pages, hardback, $15)
_____ The Immune System: Your Magic Doctor (76 pages, paper, $10)

> Your body is truly amazing and has its very own 'magic doctor' — the immune system — that helps keep you well and helps heal you when you get sick. This book introduces the immune system and explains such things as fever, vaccines, allergies, colds, cancer, AIDS, and, most importantly, how to stay healthy. Selected by _Science Books and Films_ for their 1992 Best Children's Science Book List. (full color, ages 8 - adult).

_____ How To Fix Your Bicycle (96 pages, $6)

> This new, revised edition of an old classic now includes mountain bikes as well as 10-speed, 3- speed and BMX bikes. Covers most everything you need to know to keep your bike running well — from simple adjustments to a major overhaul. Clear, simple, and complete. Recommended by _Bicycling Magazine._ Over 250,000 sold.

postage and handling _______

name: ____

address: ____

____

Please enclose payment for the book(s) plus $1.50 per book for the first book and $.50 for each additional book for postage and handling. California residents please add sales tax. Bulk rates on request. Mail to:

SHIRE PRESS   26873 Hester Creek Road , Los Gatos, CA 95030